高效呼吸训练

舞蹈、瑜伽、普拉提的功能性练习

[瑞]埃里克·富兰克林(Eric Franklin)◎著

汪敏加◎译

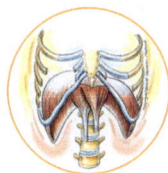

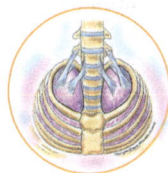

人民邮电出版社

北京

前　言

呼吸是人类生存之本。没有食物，我们可以生存数周；没有水，我们可以坚持3天以上；但没有了呼吸，我们只能存活几分钟。然而，当谈到个人健康时，人们更加注重的是营养和锻炼，却很少学习如何更有效地呼吸。

没有呼吸，人体细胞内部就无法产生能量。同时，呼吸对人体功能还起着令人意想不到的作用，例如，呼吸对言语的产生和腹压的调节是非常重要的，而腹压对身体的运动、稳定性以及女性的分娩起着至关重要的作用。当人体不能保持良好的呼吸时，健康就会受到影响。

人体每天呼吸约20 000次。因此，改善呼吸对于日常生活的各个方面都极有好处。通常，健康的呼吸方式能使生活更为舒适，使你更加清醒并保持精力充沛，还能增强训练效果、提升运动表现。

了解健康的呼吸方式

人天生具有健康的呼吸能力，人的身体在发育好运动系统之前，就已经能很好地呼吸了。因此，所有的呼吸指导也仅给出了有关如何健康呼吸的建议。它们可以帮助你健康地呼吸，但有时也会起到反作用。为了更加有效地进行呼吸指导，我们必须深刻地了解这些指导方式，而不是不假思索地盲目采用。

本书中给出的建议适用于多种类型的人群，包括舞者、瑜伽练习者、普拉提教练、演员、声乐教练、理疗师、运动员、马术骑手、太极拳练习者和助产者等。30多年的教学实践证明这些方法是有效的。为了改善自身的呼吸方式，同时指导他人进行正确呼吸，我们需要从呼吸的功能解剖学开始学习，充分了解人体的解剖构造。

健康的呼吸具有灵活性和适应性，能够在不断变化的环境中，为人体提供充分的能量。比如，在追赶公交车时，身体的新陈代谢速率就会迅速提升，人体的呼吸只能通过很短的调整时间来适应这种变化。如果参与呼吸的肌群和关节十分高效、灵活，并能够及时响应变化，那么这趟公交车就一定能追赶上了；相反，如果你很紧张，并且姿势不当，肌肉运动不够充分，呼吸紊乱或者接收到了会影响你正确呼吸的指令，那么此时追赶公交车对你而言就会成为一种挑战。

为了改善呼吸，首先必须做的是识别错误的呼吸习惯，并予以纠正。请尝试以下动作，最好以站立姿势进行。

- 张力：准备呼吸，握紧拳头，蜷缩脚趾，体会这一过程中呼吸如何慢慢变浅。身体放松后，呼吸也会随之变得轻松。控制肩膀，不要上下活动，并减少其对呼吸的干扰，目的是放松身体从而减少呼吸阻碍。

- 错误的姿势：准备呼吸，放松肩部，体会这一过程如何影响呼吸。向前移动骨盆，上半身向后倾斜，此时，呼吸会变得困难，因为良好的呼吸需要正确的身体姿势。

- 负面思维：准备呼吸，内心想象："我内心压力很大！"。同时注意自己的呼吸反应。然后再调整自己的想象："我内心平静并且轻松。"注意此时的呼吸反应。你将学会如何用意念来调整出一个好的呼吸状态。

呼吸系统的进化

最早的水生动物通过皮肤呼吸。如果它们身型小巧，且能从大量流动的水中接触到足够的氧气时，这一呼吸方法行之有效。一些生活在淡水中的早期动物开始大规模迁徙，之后它们便无法再通过皮肤呼吸满足身体的需求，因而进化出了多层折叠皮瓣（鳃），以便增加吸收氧气的表面积。起初，在咽喉得到扩张后（鼻子和嘴部后面的咽喉部分），鳃的功能得到了加强，这一部分便成了最早的肺器官。然而，进化后的鳃仍然无法在空气中进行呼吸，因此原始动物（如青蛙）在呼吸时便不得不依靠吞咽动作吸入空气（见图1）。

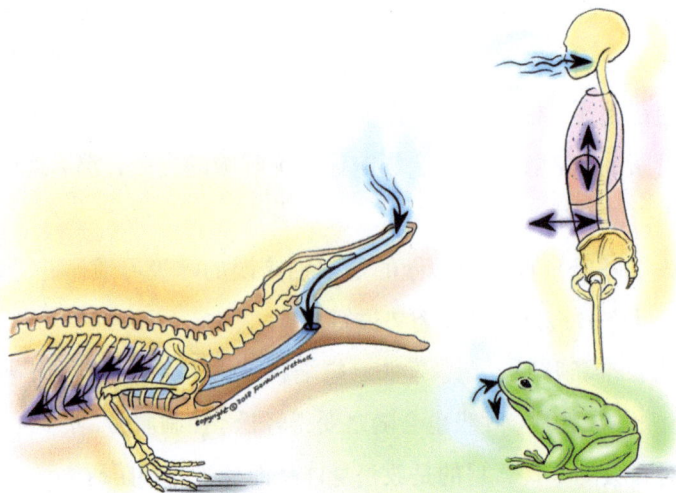

图 1　呼吸空气的原始动物不得不依靠吞咽动作吸入空气

　　负压呼吸，即胸式呼吸的出现，为呼吸系统带来了功能性的突破。肋骨附着于其前方的胸骨，形成一个可以扩张的胸腔，这种结构性改变使得肋骨能够朝向头部旋转，从而进行吸气，再以反向动作进行呼气。就像是提起桶的手柄一样，一呼一吸增加了胸腔左右两侧的直径，在肺部形成真空，促使空气涌入。这种进化大大改良了吞咽空气的方式，但也让身体付出了相应代价——身体的结构发生了不可逆的转变：胸腔内的负压使得空气吸入的同时，把腹部器官也拉到了上方，从而占用了用于呼吸空气的大部分空间。此时，原始爬行类动物进化出了可以横穿胸腔底部的结缔组织，解决了器官上移这一问题。这部分结缔组织被保留了下来直到现在，即横膈膜的中心腱（见图2）。

　　哺乳动物属于恒温动物，它们需要更多的氧气，更高效地摄氧入肺以提高自身代谢能力。此时，它们体内恒温的血液成为优势，使得它们无须生活在温暖的气候中，通过晒太阳升高体温来使肌肉发挥其应有的功能。相反，即使在寒冷的环境中，它们的身体也能自发保持温暖。

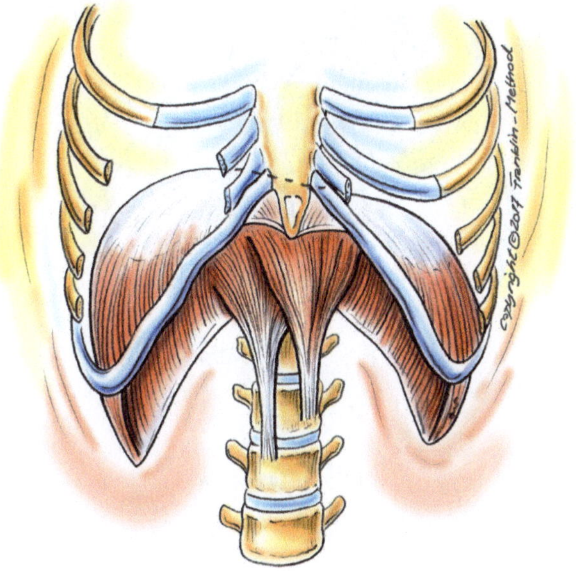

图2　膈膜正视图（包括中心腱）

　　肌肉附着于中心腱的边缘，并向下延伸至胸腔下缘，形成了一个以肌腱搭建而成的穹顶，胸腔横膈膜因此能够向下延伸并伸展变平，继而为肺部带来了向下扩展的空间，从而极大提高了摄氧能力。事实上，哺乳动物在休息时，仅以微弱的肋骨运动来进行呼吸。我推测，此刻正在阅读本书的你应该不会觉察到胸腔的运动，除非你在跑步机上边跑边看！这种腹式呼吸方式，很有可能就是哺乳动物第12胸椎以下没有肋骨与之连接的原因。吸气时，横膈膜会使位于其下方的器官向下移动，腹壁随之向外鼓起，为器官带来空间，如果是仅仅靠肋骨组成的骨性墙显然无法做到这一点（见图3）。

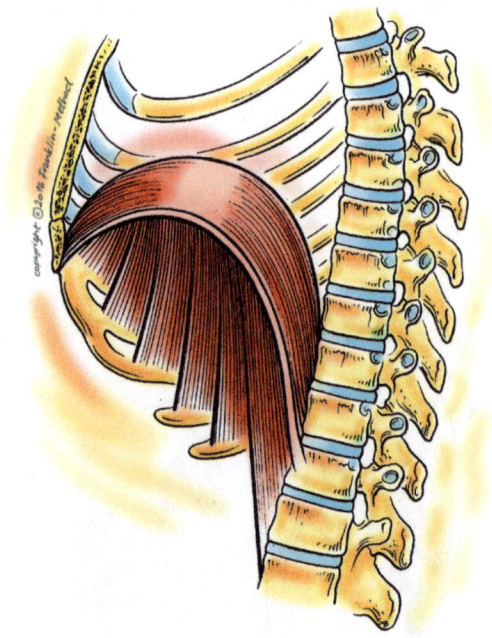

图 3 膈膜侧视图

如何使用这本书

本书旨在改善人体的呼吸功能，从而促进健康，提升人们的生活质量和运动表现水平。通过本书，你将了解与呼吸相关的解剖学知识，并掌握35种呼吸练习方法。练习部分结合了呼吸动作、冥想法和自我触摸，以尽可能地帮助您进行健康呼吸并取得最佳效果。

本书第1章介绍了参与呼吸运动的重要肌肉——横膈膜。第2章讲述了横膈膜与腹部以及其他相关呼吸肌群之间的相互作用，例如斜角肌。在这部分内容中，你将了解到与呼吸有关的肋骨运动。第3章介绍了参与呼吸运动的所有元素，包括肺和人体所有内部器官，以便帮助大家优化呼吸过程。按照本书的方法进行练习，你将充满活力并更好地集中注意力和放松身心。同时，你也将学会如何将自己的冥想与呼吸融为一体。

　　学习结束后，请选择 2 ~ 3 种最有益于你的方式，每天进行几分钟的练习。在本书末尾，我们特意推荐了一些日常练习方法。

　　现在，让我们开始尝试呼吸练习并深入了解参与呼吸运动的身体器官吧！

目 录

第 **1** 章

横膈膜

横膈膜是一个由肌肉纤维构成的穹顶，沿胸腔底部延伸，将胸腔与腹腔分隔开来。它的形状犹如一个中间带有扁平肌腱的回旋镖（见图 1.1）

与其他肌肉不同，特立独行的横膈膜既能主动控制也能自动控制，因此，人类得以轻松地完成每一次呼吸动作，否则呼吸会变成一件费时费力的事情。如果人们不幸忘记了完成这个任务，那就危险了。斜角肌是人体唯一一块与横膈膜有相似功能的肌肉，它固定了第 1、第 2 肋骨，使其不会在吸气时向下掉落。

前方的横膈膜肌肉纤维与胸骨底部的剑突相连；外侧横膈膜与最下方 6 根肋骨的内边缘完美结合；后部横膈膜则通过垂直斜行的肌肉，即右横膈脚和左横膈脚 [拉丁语为 "小腿"（shin）或 "腿"（leg），即意为形似腿部的结构]，将 L1 和 L2 椎骨（L 代表腰椎）连接在一起。

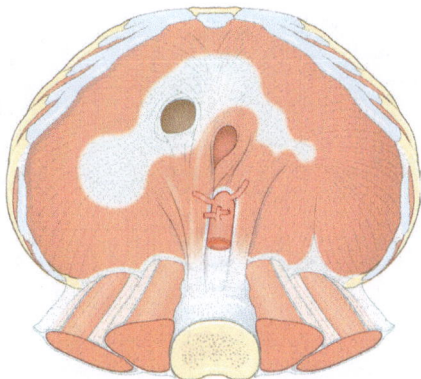

图 1.1 横膈膜（仰视图）

横膈膜静止时，中心腱顶部可触及 T8 或 T9 椎骨（T 代表胸椎）前侧；而深吸气时，中心腱能够向下触及 T11 椎骨。横膈膜的腹侧附着于胸骨，背侧可一直延伸至第 12 肋骨以及腰椎位置。这种连接模式使得横膈膜背侧部分能够快速向下移动。

两肺分别位于右半和左半横膈膜顶部，左肺覆盖于心脏之上。横膈膜中心腱与心包相连接，心包系覆盖心脏的结缔组织囊。吸气时，心脏向下运动；而呼气时，则向上运动，就像在乘坐电梯一样来回上下。心包位置的上下变化能够牵动并拉伸心脏，从而促进血液循环。

肝脏位于右侧，体积较大且组织更为紧实。它将右侧横膈膜挤到了较高的位置，而左侧横膈膜下方是体积较小且中空的胃。因此，横膈膜穹顶的右侧高于左侧。在横膈膜背侧，与其相邻的是位于肋弓深处的脾脏。两肾均位于横膈膜下方，同心脏一样，它们都随着横膈膜而上下移动。受横膈膜的带动，肾脏每天移动的总距离约为 500 码（约 457 米）。图 1.2 显示了横膈膜与周围器官之间的关系。

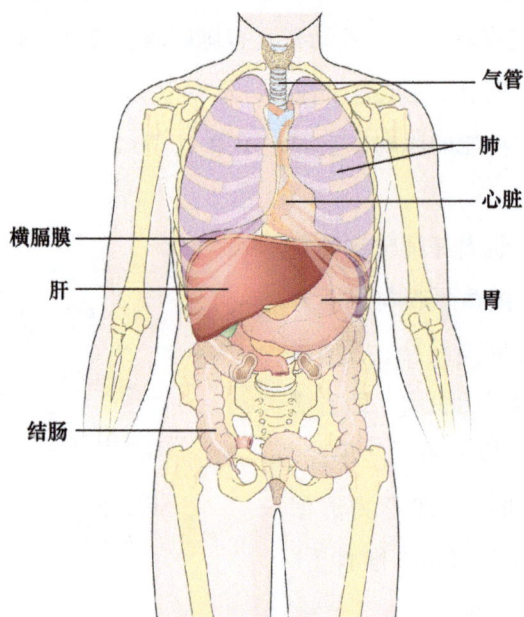

图 1.2　与横膈膜相连的其他解剖结构

　　轻呼吸时，横膈膜下方的器官移动幅度不会太大。在刚开始吸气时，器官会像海绵一样受到压缩，器官的弹性阻力使横膈膜更加有力。随着吸气加深，器官开始向下和两侧移动，以避免受到挤压。因此，在吸气时，腹部在向前移动的同时还会横向扩展。脊椎的位置限制了横膈膜后移，但如果在吸气期间脊柱能稍加伸展，确实有助于更好地呼吸。盆底肌的位置也可随着呼吸节奏进行调整，吸气时，它会向下移动，呼气时则向上移动（见图 1.3）。

　　但需要注意的是，吸气时，腹部肌肉和盆底肌的扩张运动并非是需要身体想方设法抑制的松弛状态。事实上，这些肌肉在吸气时的张力增加了约 20%，从而才能支撑下降的器官。而吸气时向内收腹只会抑制吸气带来的腹部自然张力作用。

　　主动脉、腔静脉和食道在胸腔和腹部之间垂直延伸，因此它们必须穿过横膈膜的开口。主动脉从横膈膜后方穿过，顺着脊椎前方向下延伸，穿过名为正中弓状韧带的腱弓进入腹部。

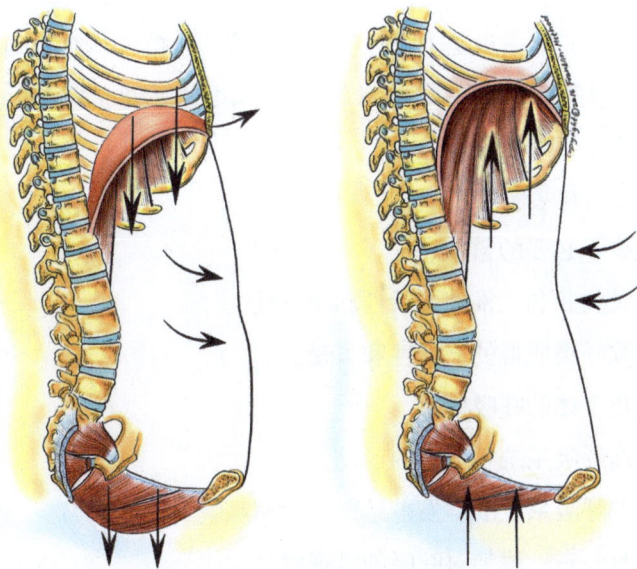

图 1.3　横膈膜带动的盆底肌移动

主动脉位于横膈膜的最后方，这一位置避免了其在呼吸时因横膈膜的收缩而受到挤压，但腹内压仍会对前侧主动脉造成一定影响。

腔静脉位于横膈膜的肌肉外部，从中线右侧横膈膜的腱状部分穿过，因此避免受到横膈膜带来的压力。中心腱上下移动的次数多于横膈膜多数部分，因此它只能沿着更为静止的腔静脉滑动。

食道位于左横隔脚上方，周围环绕着一圈膈膜。而令人出乎意料的是，这层从胃部左上方穿过的膈膜纤维源自右横隔脚。这样的结构能够使括约肌有条不紊地进行运动，从而防止吸气带来的胃部压力将食物推回食道。

从横膈膜后缘穿过的两部分肌肉为腰大肌和腰方肌，它们之间由腱弓连接，即内侧弓状韧带和外侧弓状韧带，这部分腱弓是横膈膜的肌纤维的起点。被覆于横膈膜的筋膜与腰大肌筋膜相连，这便表明了髋关节屈曲和呼吸节律之间存在着相互作用。

健康呼吸的目标

健康呼吸的第一步是了解呼吸的运作方式，第二步是明确健康呼吸的目标，将习得的理念付诸实践。以下为本书中的呼吸练习侧重点。

- 展现最佳呼吸功能。
- 端正身体姿势。
- 减少不必要的紧张。
- 改善胸腔和胸椎的灵活性和协调性。
- 增强呼吸肌群的灵活性和力量。
- 优化个体的呼吸模式。
- 平衡呼吸系统各器官的运动。
- 协调呼吸系统的"发电站"，即横膈膜。
- 调整心态，增加对呼吸的重视度。

以下为13项横膈膜练习以及冥想练习方法。

用想象力"勾勒"横膈膜

本练习是大家深入了解横膈膜的基础。虽然横膈膜在人体内每天上下移动约 20 000 次，但大多数人都无法在脑海中想象它的具体轮廓。而为了提高横膈膜（或身体的任何部位）的表现水平，我们必须将它的构造和运动进行具象化，在脑海中形成一幅动态图像，以便有意识地做出积极改变。

1. 以舒适的坐立姿势或站立姿势开始，进行以下具象化练习：轻闭双眼，在脑海中勾绘出家中的某个房间的场景。你能想象出多少个物体呢？是否想象到了椅子和桌子？或是窗户、书本和其他物体？它们是以立体和彩色的方式呈现在你脑海中吗？

2. 现在，请用想象力勾绘出对呼吸和生命最重要的肌肉——横膈膜。你能描绘出它的位置、形状、附着区域和开口吗？能以立体的方式进行具体描述吗？能具体描述它在体内的移动吗？

✐✐ 用手触摸横膈膜

横膈膜附着于胸骨底部的剑突上，即最下方 6 根肋骨的内侧，以及 L1 和 L2 主体部位（见图 1.3）。

1. 以坐立或站立姿势开始，用手触摸与横膈膜相连的骨骼部分。从剑突开始（胸骨底部），在脑海中想象此处从骨骼后向上方斜穿而过的横膈膜。

2. 从胸骨开始，手指沿肋骨斜度向右下和左下移动。现在，你已感触到了与横膈膜相连的胸腔下部肋软骨边界。横膈膜位于第 6 至第 12 肋骨的内侧。

3. 将手指放在髂嵴（盆骨顶部两侧）与最低肋骨之间。此肋骨为浮肋，并未附着于胸骨，游离的状态使得它难以寻找，尝试是否能够在髂嵴上方找到这条肋骨。

4. 让我们来想象一下横膈膜的覆盖区域——从胸骨横跨至第 12 肋骨。

5. 最后，请触摸第 1 和第 2 腰椎区域。手指从盆骨后部向上移动几厘米，感受这些椎骨的位置。

6. 随后将手指再次放回胸骨下方，结束触摸。咳嗽或大笑一声，感受下横膈膜和腹壁的强烈收缩动作。

❀ 想象横膈膜的移动

　　吸气时，横膈膜会向下移动。深吸一口气，并想象此时横膈膜的动作。你会感觉横膈膜更像是在向上移动，这是因为你的注意力集中在肋骨上。在横膈膜向下移动时，肋骨会向上移动。为了更好地体验呼吸，建议大家首先只关注一个部分的动作，随后再关注整体各部分的动作。

1. 以舒适的站立姿势或坐立姿势开始，双手与剑突正上方（横膈膜所在位置）保持水平，模拟横膈膜穹顶。

2. 双手手掌朝下，卷曲形成圆顶，同横膈膜的形状一样（见图 1.4）。

3. 模拟横膈膜吸气时的移动，吸气时请将双手向下按（见图 1.5）。

4. 模拟横膈膜呼气时的移动，呼气时请将双手向上抬升。

5. 为了更精确地模拟横膈膜，在双手向下按时，手掌应稍微放平，减小弧度；而在向上抬升时，手掌应稍微隆起，增加弧度。

6. 做 5 ~ 10 次完整的呼吸运动，在脑海中想象横膈膜的移动，用双手进行模拟。完成后，你会感到身体趋于平静，呼吸也变平缓了。

图 1.4　横膈膜的运动——准备姿势　　　　图 1.5　吸气时横膈膜的移动

感受腹壁的移动

　　腹部肌肉向前和向两侧扩张，并不是意味着腹部肌肉的完全放松，这个过程需要通过把肚脐向内收来有控制地完成。这个过程中，腹肌会进行离心收缩（拉长），保持约 20% 的张力来控制器官的向下移动。以腹部器官为支柱，腹肌得到了自然训练，通过每天约 20 000 次的离心收缩得到强化。腹式呼吸便是在不断重复这种腹部锻炼，但是人体的腹肌无须在自然拉伸和收缩动作中进行自主收缩。我们应当利用最新理论，以周围的肌肉来控制腹部，这也就是为什么数十万年来，人类从未需要"托着"腹壁以保持它的形状。人体在持续呼吸的过程中，必须要保持脊柱的稳定，否则整个身体都会失去平衡，而腹肌不但能为脊柱提供支撑，还能够为呼吸提供空间。

1. 双手置于腹部。吸气时，注意腹壁是如何向外伸展的。

2. 呼气时，注意腹壁如何自然地向脊柱方向收回。进行数次呼吸周期，感受腹壁的内外移动。

3. 现在，将双手置于或用指尖触摸最低肋骨和髂嵴之间的肌肉，进行 3 ~ 4 次完整的呼吸周期，感受吸气与呼气时腹壁的内外移动。

4. 为延长呼气，在感受腹肌向内移动的同时，可以发出"咝"声。"咝"声能够减慢呼气速度，并延长肌肉向内收缩的时间。在以"咝"声呼气之后，以自然的速度进行一次呼吸，再进行重复。

5. 结束后，双臂自然垂于身体两侧。此时，请注意身体姿势和整体感觉的变化。

想象横膈膜与腹肌的相互作用

吸气时，横膈膜会像活塞一样将器官向下、向前和向两侧推压。我们将用双手来模拟横膈膜与腹壁移动之间的相互作用。此练习以站立姿势、坐立姿势或仰卧姿势进行均可。

1. 以右手（或左手）模拟横膈膜的穹顶形状，右手（或左手）与剑突正上方（横膈膜所在位置）保持水平。
2. 另一只手置于腹部前方垂直位置，以模拟腹壁的动作（见图 1.6）。

图 1.6　模拟腹壁与横膈膜的动作过程：（a）吸气；（b）呼气

3. 吸气时，腹壁向外移动，呼气时则向内收回。你还可以手持一些道具，例如一块毛毡，以帮助你深入了解腹壁运动。

4. 吸气时，模拟横膈膜的手向下移动，位于腹部的手则向前移动。

5. 呼气时，模拟横膈膜的手向上移动，位于腹部的手则向内移动。以此动作重复3～4次。

6. 现在，将位于腹部的手移到髂嵴与最低肋骨之间的部位。位于腹部的手将模拟侧壁肌肉的动作。吸气时，模拟横膈膜的手向下移动，位于侧壁的手则向外侧移动；呼气时，模拟横膈膜的手向上移动，位于侧壁的手则向内移动。重复3～4次后，以相同姿势换手模拟另一侧腹壁和横膈膜的动作。

7. 休息片刻，并注意身体姿势和整体感受发生的变化。此时，你可能会感受到腹部更有活力，腹壁肌肉更加结实，因为呼吸其实是一种24小时的腹壁肌肉锻炼，而以正确的方式进行呼吸能够强化腹部肌肉的完整运动，增加腹部活力。

想象盆底肌的动作

　　吸气时，盆底肌会随着整体器官向下移动，而在呼气时则会向上移动。需要再次强调的是，盆底肌向下移动时并非松弛状态，此时盆底肌的肌肉张力会增加 20%。盆底肌会进行离心收缩并得到锻炼。因此，不应持续地提拉盆底肌来抑制这种离心收缩。在离心收缩运动中，周围所有器官都成了像哑铃一样的工具来训练盆底肌。

1. 以舒适的站立姿势开始，双手手指相叠，手掌朝上，并形成一个倒圆顶。

2. 双手以倒圆顶置于骨盆前方，即耻骨联合水平位置的下方。

3. 吸气时，双手向下移动 2 ~ 5 厘米，模拟盆底肌在吸气时的动作。

4. 呼气时，双手向上移动 2 ~ 5 厘米，模拟盆底肌在呼气时的动作。

5. 重复 5 ~ 6 次，双臂自然垂放于身体两侧。此时，请注意身体姿势和盆底肌张力发生的变化。

想象横膈膜与盆底肌的相互作用

在此练习中，盆底肌和横膈膜的移动展现得更加具体。尽管呼吸时这两部分肌肉的穹顶均向相同的方向移动（吸气向下和呼气向上），但它们的动作却截然相反。吸气时，横膈膜的肌肉纤维将会缩短，而盆底肌则会拉长；呼气时，横膈膜的肌肉纤维将会拉长，而盆底肌则会缩短。在此练习中，我们将以双手模拟它们向上以及向下的肌肉同步移动，同时还将模拟它们各自的收缩动作。

1. 以舒适的站立姿势开始，单手弯曲，手掌朝下，置于下胸骨前方，模拟横膈膜。另一只手手掌朝上，置于骨盆前方，即位于耻骨联合的下方，模拟盆底肌。上方手掌心向下，下方手掌心向上，并以水平相对（见图 1.7）。

2. 吸气时，双手随横膈膜和盆底肌向下移动。

3. 呼气时，双手随横膈膜和盆底肌向上移动。

4. 重复 5 ~ 6 次完整的呼吸周期，随后，双臂自然垂放于身体两侧，并注意身体姿势和呼吸模式的变化。

图 1.7　以双手模拟横膈膜和盆底肌的同步运动

🔗 振动横膈膜以改善循环和本体感受

横膈膜也具备其他肌肉所拥有的功能，即力量、柔韧性和良好的血液循环，并能时而进行放松。通过一系列练习，我们可以改善横膈膜的这些功能。本练习将通过运动来改善横膈膜的循环功能，并增强其感官意识。

1. 开始时自然站立，然后右臂向前伸展，并摇摆右臂。想象手臂肌肉是松软灵活的，好比一件宽松的风衣，在随风飘扬。

2. 现在，右臂自然下垂，此时，请注意比较左臂和右臂的感觉，你会发现右臂更加放松、更加灵活。将双臂向前并向上伸展，对比两者的放松程度和灵活性，右臂会更为灵活，然后用左臂重复此练习。

3. 我们已感受到摇摆能使手臂的柔韧性增加、血液循环加快和感官意识增强。现在，让横膈膜也来享受一下这样的感觉吧！但是，不同于包裹着骨骼的手臂肌肉，横膈膜的肌肉藏于肋骨之内。

4. 晃动肋骨，同时发出"啊"声。发声有助于感知横膈膜是否在随着身体振动。

5. 休息片刻，晃动胸腔。此时应尝试发出不同的声音，例如"噢"或"噫"。

6. 现在，请在晃动胸腔和横膈膜的同时，晃动手臂和肩膀。

7. 双臂自然垂放于身体两侧，注意身体姿势和呼吸的变化。你会发现呼吸变得更加深沉饱满，身体姿势也更为端正了。

将横膈膜想象为一张蹦床

在下面的练习中，我们将做一些小幅度跳跃动作练习来放松横膈膜。这是释放横膈膜张力、增加其移动能力的好方法。

1. 开始时自然站立，想象横膈膜是一张柔韧的蹦床铺展于肋骨底部，心脏和肺部都栖息在这张蹦床之上。

2. 现在，小幅度上跳，并在每次双脚落地时发出"哈"声。在脑海中想象与发声同步进行的横膈膜移动。

3. 做步骤 2 的动作时，想象横膈膜这张蹦床在上下弹跳，跳跃时间持续约 15 秒。

✐ 拉伸横膈膜

同其他肌肉一样，横膈膜亦有自身特定的拉伸和强化步骤。吸气时肺部得到扩张，形成真空，横膈膜随之向下移动。真空状态促使空气涌入肺部，氧气透过肺部薄壁进入血液。(有关肺部的更多知识，请参阅第 2 章内容。)

那么，是什么力量促使横膈膜向下移动的呢? 横膈膜是一块肌肉，肌肉组织能够在其起止点之间缩短和拉长。肌肉组织的起点是固定的，止点会随肌肉的运动而移动。

拉伸横膈膜需要延长横膈膜起点和止点之间的距离，如下面的练习所示。

此练习能够拉伸肋间肌 (位于肋骨之间) 和腹斜肌，同时作用于横膈膜。

1. 开始时自然站立。首先拉伸横膈膜的左侧。这部分纤维主要位于胸腔第 12 肋骨和中心腱之间，称为对侧区域。左臂举过头顶，右手放于左侧下肋上 (见图 1.8)。

2. 呼气时，脊柱向右侧弯曲 (见图 1.9)。进行此练习时，呼气和增加第 12 肋骨与横膈膜顶部之间的距离都会起到拉长横膈膜的作用。

图 1.8　拉伸横膈膜起始姿势

图 1.9　呼气时脊柱侧向屈曲以拉伸横膈膜

3. 吸气，同时回到直立姿势。以此动作重复 5 个呼吸周期。呼气，同时脊柱向右侧弯曲；吸气，同时回到直立姿势。

4. 想象横膈膜的肌肉纤维在肋骨下方延长。右手轻轻向下推压左下肋（第 7 ~ 12 肋骨）可增加拉伸的力度。

5. 左臂自然下垂，休息片刻。此时，请注意身体两侧之间的不同感受。右侧的身体感觉会更为放松。在脑海中勾绘出右肺和左肺的呼吸过程，你是否感觉到右肺比左肺吸入了更多空气呢？这是由于右侧身体得到了拉伸，变得更为灵活，从而使横膈膜和肋骨得到了更多的移动空间。

6. 身体另一侧进行相同的练习。右臂举过头顶，左手放于右侧下肋上，呼气时，脊柱向左侧弯曲。以此动作重复 5 个呼吸周期。呼气，同时脊柱向左侧屈曲；吸气，再同时回到直立姿势。

7. 最后，双臂伸直举过头顶，双手相握，脊柱分别向右侧和左侧弯曲拉伸（见图 1.10），身体侧屈时呼气，回到直立姿势时吸气。右侧和左侧分别拉伸 4 次，完成练习。

8. 双臂自然垂放于身体两侧，站立休息片刻。你会发现身体更加端正，肺部像气球一样将你的身体抬起，胸骨也变得更高了。改善呼吸有益于纠正身体姿势，还能增加你的幸福感。

图 1.10　向右侧屈伸展时呼气，回到直立姿势时吸气

9. 练习时，请注意横膈膜的拉伸，留意胸腔和脊柱的运动是如何影响横膈膜纤维长度的。即使你的关注点在练习的其他方面，也请用这种意识来加强横膈膜的拉伸。

呼气时发出"咝"声或利用吸管来延长呼气时间

专注于延长呼气的同时，还能够延长吸气的时间并保持身心平静。呼气是呼吸周期的平静阶段，呼吸周期通常分为吸气、呼气和短暂屏息。本练习需要一根吸管辅助。

1. 自然吸气，呼气并发出"咝"声。

2. 然后进行几次自然呼吸，此时不用发出"咝"声。

3. 再次吸气，呼气并发出"咝"声。

4. 此时，注意自然呼吸节奏是否已经平静了下来，并且速度变慢。

5. 嘴里含一根吸管，呼气时，使气流缓慢地通过吸管，将体内空气完全呼出，但请不要强迫自己呼气，呼气时要自然。

6. 自然吸气。

7. 再次通过吸管呼气，然后自然吸气，循环几个呼吸周期。

8. 暂停，取下吸管，请注意此时的心态变化。现在你可能会感到更加平静，身体也更加轻松。

⚆⚆ 强化横膈膜

本练习将通过一些腹部运动来强化横膈膜。在熟练前一部分内容之后可进入这部分练习。

1. 将右臂举过头顶，左手放于右侧的下肋上面。呼气的同时脊柱向左侧屈。

2. 保持此侧屈姿势，并下意识地进行 3 次呼吸周期。此时，请留意横膈膜和腹壁的移动。每次呼气时，稍微加大侧屈幅度。但应根据身体的重量，以自然的方式进行。

3. 在完成 3 次呼吸周期后，进行下一次吸气的同时使身体回到直立姿势。此时，请留意肋骨内侧横膈膜的移动，但无须关注腹肌。

4. 对侧重复上述步骤。将左臂举过头顶，右手放于左侧下肋上，呼气的同时脊柱向右侧弯曲。

5. 保持此侧屈姿势，并有意识地完成 3 次呼吸周期。每次呼气时，稍微加大侧屈幅度。

6. 吸气时身体回到直立姿势。此时，请留意肋骨内侧横膈膜的移动。

7. 动作结束后，保持直立，休息片刻。你会发现身体姿势更加端正，脊柱自然延长了，呼吸也更深了，肩膀也放松了许多。

8. 手持书本或 1 磅（约 0.45 千克）重的哑铃进行此练习，效果更佳。

延展你的横膈膜

本练习将增加横膈膜的长度和力量。这种训练的效果不同于体育锻炼的效果。

1. 首先，自然站立，完成 3 次呼吸周期。

2. 呼气时，想象横膈膜下面漂浮着一个气球，这个气球有助于向上推动横膈膜，使其肌纤维充分伸展。

3. 吸气时，想象横膈膜的顶部放着一个柔软的枕头，帮助它向下移动（见图 1.11 ）。

4. 在想象的同时进行 5 次完整的呼吸周期。

5. 放松心情，自然呼吸，并注意呼吸的变化。

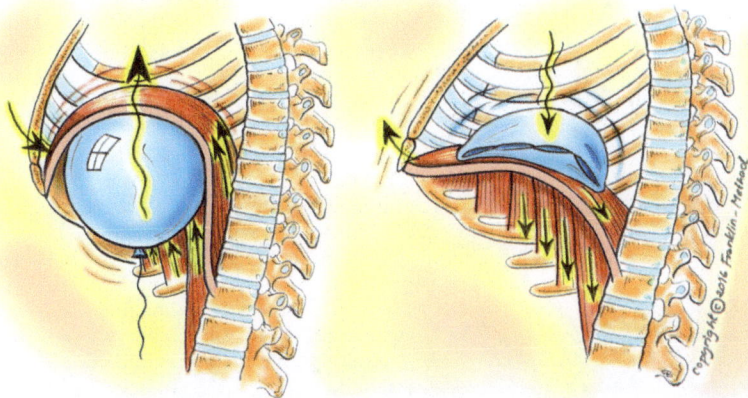

图 1.11　呼气时，想象中的气球有助于向上推动横膈膜；而吸气时，想象中的枕头帮助它向下移动

第 2 章

胸腔

胸廓由 12 对肋骨、12 块胸椎和 1 块胸骨组成，并包含一系列关节、肌肉和韧带。这些组织之间的相互作用十分复杂，对维护人体呼吸功能、脊柱的稳定性和身体运动都起着至关重要的作用。肋骨关节与其体壁其他部分通过关节相连接，因此，胸廓得以灵活扩张。肋骨的形状和生长方向（见图 2.1）都有助于胸腔扩张。

肋骨向后延伸，与胸椎相连；向前延伸，与肋软骨相连。

所有肋骨均附着于脊柱之上，前 7 根通过其软骨附着于胸骨，被称为真肋；而其余肋骨，则称为假肋。第 8 至第 10 肋骨的肋软骨均附着于其上方肋骨的肋软骨形成软骨间联结，但第 11 和第 12 肋骨并没有与之相连。这种布局使得下部肋骨能够更好地适应横膈膜和器官的灵活移动。

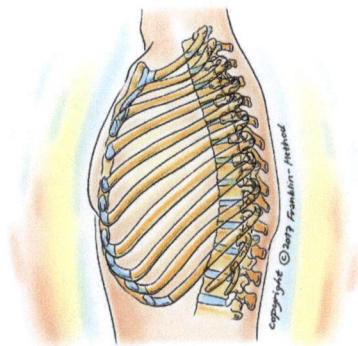

图 2.1　肋骨侧视图

　　肋骨是人体最灵活的骨骼。它的形状略微似一个螺旋形的曲轴。肋骨与脊柱连接的部分包括肋头、肋颈和肋骨结节（见图 2.2）。你可以在脑海中将肋头、肋颈和肋骨结节想象为一只穿着拖鞋的脚，肋骨结节是脚跟，肋头是脚掌踇指球和脚趾，颈肋是足底弓。

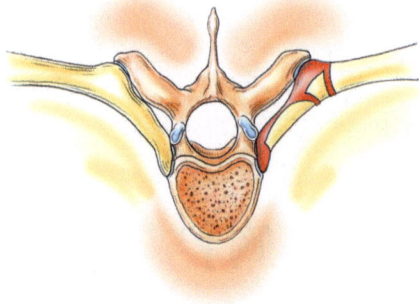

图 2.2　肋头、肋颈和肋结节与足部的对比图

　　连接脊柱的关节为肋椎关节和肋横突关节。肋椎关节由肋头关节面以及相邻两个胸椎椎体形成的肋凹构成。但第 1、第 11 和第 12 肋骨只与其各自的椎体相连。肋横突关节由肋结节关节面与相应椎骨的横突肋凹构成。

　　在吸气时，肋骨后部随各自的关节旋转并向下滑动，而肋骨轴则向上转（见图 2.3）。

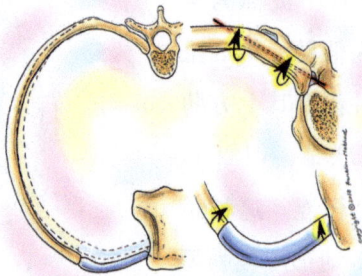

图 2.3　吸气时的肋骨转动

每根肋骨的转动方向取决于两个关节之间所形成的角度。第 9 到第 12 肋椎关节为向后转动，类似于外侧桶柄状转动（见图 2.4）。

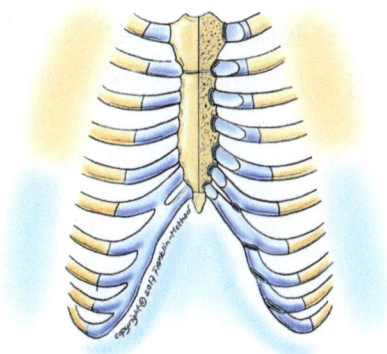

图 2.4　肋骨前视图，包括肋软骨和胸肋关节

第 1 至第 7 肋骨与胸骨周围的关节软骨连接。由肋软骨与胸骨构成的关节被称为胸肋关节，而连接处又属于滑膜关节，在呼吸和运动时，能够做旋转运动和滑动运动。

第 1 肋骨的肋软骨与胸骨由纤维软骨连接，这一牢固的连接，有利于第 1 肋骨和胸骨的转动。

胸骨体为扁平形状，略微向前弯曲（见图 2.5）。连接胸骨体和剑突的关节形成了骨联合。呼吸过程中，这个关节只能进行轻微移动，但对于人体而言，保持它的灵活性至关重要。

肋骨向后延伸附着于脊柱上，且附着点位置普遍高于其前部在胸骨上的附着点。因此，相对于后腹壁，在

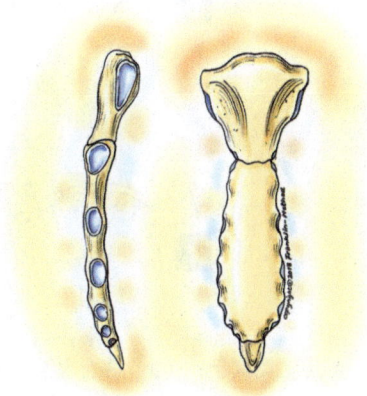

图 2.5　胸骨

肋骨提升时，前胸壁抬升程度更高，就像是抬起水泵手柄一样（见图 2.6a）。

所有肋骨的中间部分均低于其两端。当肋骨的中间区域升高时，胸壁就会向两侧扩张。

这种扩张运动就像是拎起桶柄一样（见图 2.6b）。位于下方的两个肋骨并未附着于前面的软骨之上，因此只会向后移动，好似张开的卡钳（见图 2.6c）。

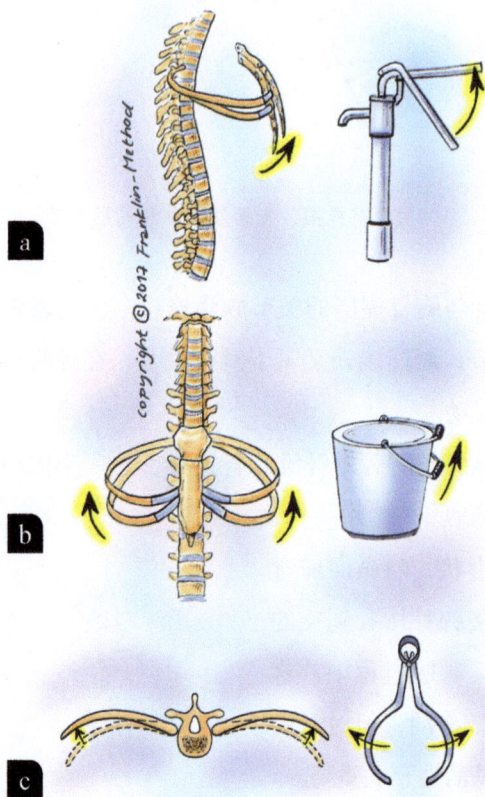

图 2.6　类似于：（a）抬升水泵手柄；（b）拎起桶柄；（c）张开卡钳的肋骨动作

前两根肋骨是平的，在身体竖直站立时几乎处于一个水平面。在胸腔中部的肋骨向两侧侧向移动时，这两根肋骨则主要以抬升泵柄的方式运动。不良身体姿势通常会向前压低所有肋骨，阻碍肋骨扩张，并减少胸腔的容积。

　　在吸气时，肋骨能够向前、向两侧和向后移动，而横膈膜又能够向下移动。因此，在吸气时，肺部能够以三维角度进行扩张（见图 2.7）。相比之下，轻呼吸过程中，横膈膜的移动较为突出；而在深呼吸过程中，肋骨的移动更为突出。

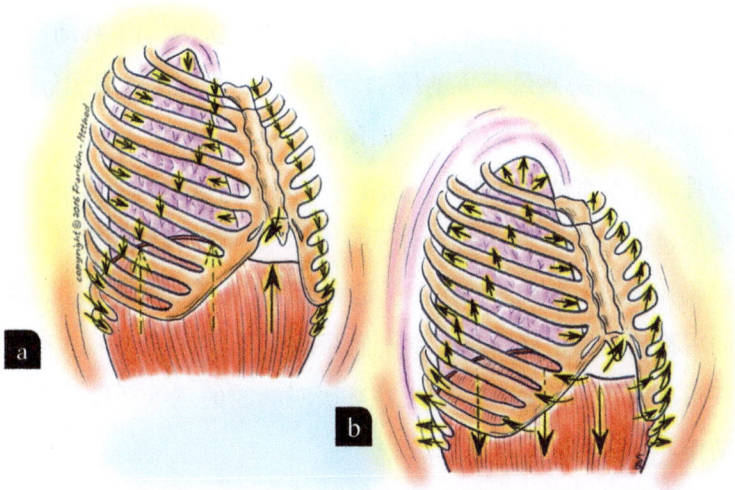

图 2.7　（a）呼气和（b）吸气时肋骨的三维扩张和向下移动的横膈膜

以下为肋骨的 5 项动作练习和冥想练习。

⬮⬮ 三维胸廓运动

本练习将关注呼吸时肋骨的三维扩张。

1. 以自然端正的坐立姿势或站立姿势开始，双手置于胸骨，一只手叠在另一只手上。深呼吸时，请注意感受胸骨是如何向上和向前移动的，此时胸腔的呼吸动作类似于抬升泵柄。

2. 双手置于肋骨中间两侧。吸气时，注意肋骨是如何向两侧移动的。将它们想象为桶柄，吸气时向上移动，呼气时则向下移动。

3. 将双手置于两侧最下方的第 11 和第 12 肋骨之上（骨盆正上方）。深吸气时，感受这两根肋骨如何向后移动。想象吸气时，这两根肋骨向你手掌的方向扩展，而在呼气时则向身体内部移动。

4. 最后，同时想象这 3 种动作的正面、侧面和背面图像。吸气时，想象胸壁向前移动时的正面、侧面和背面图像；呼气时，想象胸壁向后移动时的正面、侧面和背面图像。

5. 在运动或练习实践中，请关注呼吸时胸腔的三维动作，而非一维动作。

❀❀ 想象肋骨的张力释放

　　此练习能够提高肋骨的灵活性，帮助肋骨放松，同时改善身体的呼吸能力。大家自己进行意象探索往往才能达到最佳效果，本练习将提供两个示例来帮助大家入门。

1. 以舒适的站立姿势或坐立姿势开始，想象肋骨上拴着一些小气球。

2. 吸气时，这些气球有助于向上拉升肋骨（见图 2.8）；呼气时，气球拉力减小，肋骨随之下沉。

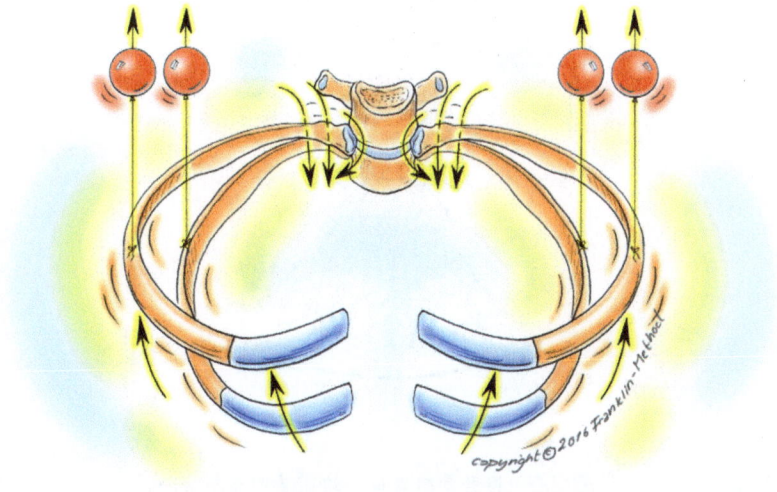

图 2.8　想象中的小气球在向上拉升肋骨

3. 将肋骨想象成一块柔软的布料，所有肋骨均悬挂在第 1 根肋骨上（见图 2.9 ）。

4. 吸气时，布料向外摆动；呼气时，布料再次回落。

图 2.9　将肋骨想象成一块柔软的布料

弹性胸骨和肋软骨

在呼吸时，胸骨以及与之相连的关节和软骨会发生滑动、移动和旋转等。在本练习中，我们将用想象和触摸的方法来改善这些情况。

1. 以舒适端正的坐姿或站立姿势开始，一只手置于胸骨柄上，另一只手置于胸骨体上。

2. 在伸展脊柱时，想象在胸骨柄骨联合处的细微动作。

3. 用手掌轻轻触摸胸骨左右两侧的软骨和骨骼之间的关节。

4. 吸气和呼气时，在脑海中想象这些关节的轻微滑动和旋转动作。

5. 在脑海中想象当肋骨在呼吸过程中上下旋转时，软骨会做一个轻微的螺旋运动。

6. 将手指放在软骨之上，同时，进行屈曲、伸展、侧屈并旋转脊柱，感受进行这些动作和呼吸时软骨的变化。

7. 手指拿开，注意身体姿势和呼吸发生的变化。你会感到胸骨好像自然拉升，水平维度的呼吸也更加轻松了。

후面向下，前面向上

吸气时，肋骨在其所属的肋椎和肋横突关节中向后旋转，即肋骨后部会向下移动，而肋骨前部会向上移动（见图 2.3 ）。

1. 以端正的坐姿或站立姿势开始，并在脑海中勾绘肋骨与脊柱连接的图像。

2. 吸气时，在脑海中想象肋骨的动作。肋骨在其肋椎和肋横突关节中向后旋转，实际上肋骨后部是在向下移动。

3. 在脑海中勾绘出肋骨后部向下的动作在推动着肋骨前部向上提升的场景。但需要注意的是，假如只专注于整个肋骨在吸气时的向上移动，会造成呼吸困难。

轻拍肋骨

用你的双手或一对小球可以帮助放松肋骨，增加肋间肌的灵活性。在以下示例中，请借助橙色富兰克林法球，或双手握成空心拳进行。

1. 以舒适的坐姿或站立姿势开始。
2. 手握空心拳或用两个训练球轻拍右侧肋骨（见图 2.10）。
3. 轻拍的同时，脊柱先侧向弯曲后旋转，最后做弯曲和伸展动作。
4. 轻拍 1 分钟后，休息片刻。体会并比较左右两侧的呼吸感受和肋骨运动。
5. 左侧重复一遍。

图 2.10　用球轻拍肋骨

第 3 章

肺

肺是位于胸腔内的较大器官，左右各一。肺是身体的气体交换场所，负责向血液输送氧气。肺通气是将空气带入肺部的过程，呼吸是在肺部进行气体交换的过程。在呼吸过程中，氧气进入体内循环的血液，二氧化碳则从血液中被清除。

肺部的呼吸可不是一件简单的事。首先，气管必须用作专用通道，空气必须 100% 湿润。肺部还需不断清洁、杜绝灰尘和其他微粒。因为气压比水压低得多，所以为了让氧气进入血液以便进行气体交换，陆栖动物的肺泡都会有非常大而薄的表面。如果将肺的内表面展开，面积可能接近于一个网球场。

肺在胸腔内，位于横膈膜的两个半球顶部之上（见图 3.1）。两肺之间为心脏及纵膈（包含心脏和大动脉的区域）内的其他结构。

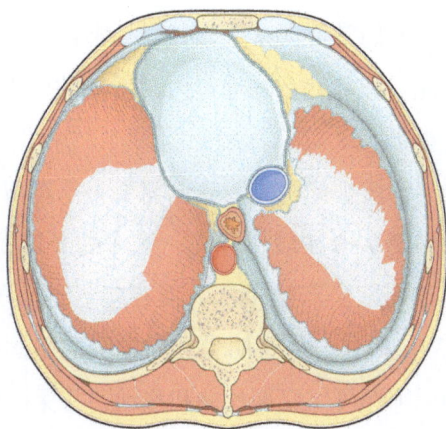

图 3.1　横膈膜俯视图。心脏位于中心腱所在区域，肺则位于左右肋骨横膈之上

两肺之间存在的真空使肺会随横膈膜和肋骨一同移动。两肺均包裹于称为脏胸膜的薄膜囊之中。脏胸膜与壁胸膜不但密切相连且互相延伸（见图 3.2）。壁胸膜位于胸壁内侧、横膈膜和纵隔内侧。

脏胸膜和壁胸膜之间有一层液体薄膜，减弱了两者之间的摩擦。肺没有直接附着于韧带或肌肉上，因为任何韧带或肌肉均会对肺部造成损伤并会减少可用的移动空间。

吸气时，肋骨和横膈膜将壁胸膜拉向外侧，拖拽脏胸膜，为肺部带来空间进行扩张和滑动。

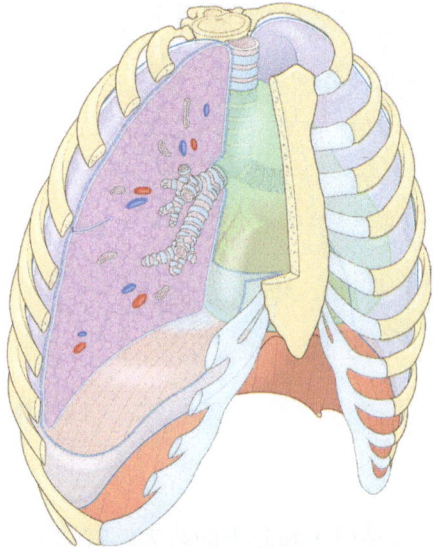

图 3.2　肺周围的壁胸膜和脏胸膜

壁胸膜和脏胸膜之间互相接触的表面是人体内部最大的器官接触面，在呼吸运动以及所有与胸廓和脊柱调整有关的运动中发挥着作用。

人们常常误认为吸气时，肺部膨胀，类似于吹胀的气球，但事实并非如此。肺部并不是通过内部增加的压力进行扩张，而是利用周围的真空进行扩张。

为模拟此机制，我们需要一个覆有柔性膜的玻璃杯。将两个气球（代表肺部）卡在玻璃杯内，气球的开口在容器的外面。如果向下拉柔性膜，气球周围会产生负压，而在空气冲入气球时，柔性膜会向外扩张（见图 3.3）。因此，保持肋骨和横膈膜的坚固和弹性十分重要，只有这样，才能确保肺部可以定期拉伸和移动，并保持其柔软性。

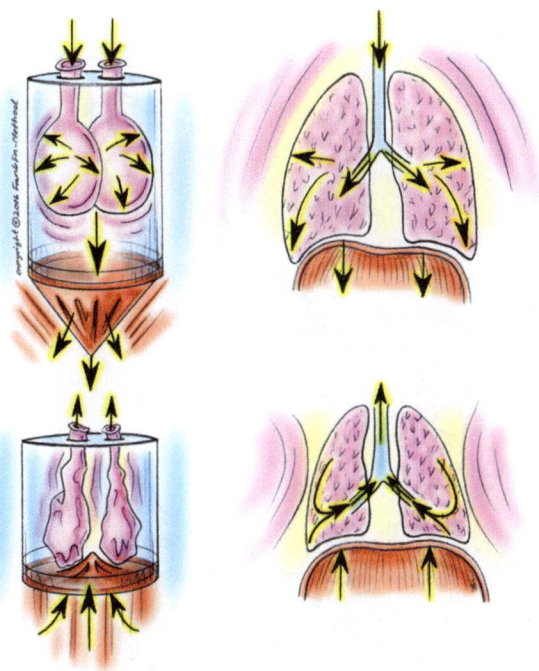

图 3.3 肺扩张模拟

　　叶间裂将肺分为彼此分离的肺叶。右肺主要包括 3 个肺叶；由于心脏为非对称器官，只存在于左侧，因此左肺略小，只有两个肺叶。每个肺叶又进一步分为数百个小叶，每个小叶均由细支气管及其附属分支、一层薄壁和肺泡簇等组成。在呼吸和运动时，肺叶需能够在彼此之上进行滑动。缺乏运动以及不良身体姿势会降低肺叶和整个肺部的灵活性，从而阻碍呼吸。在图 3.4 给出的瑜伽体式示例中，我们能够了解保持肺叶灵活性及横膈膜相邻器官灵活性的重要性。

　　肺泡是一种微小气囊，是气体交换的主要部位。单侧肺含有约 480 000 个肺泡，这也是肺部内表面积如此之大的原因之一。

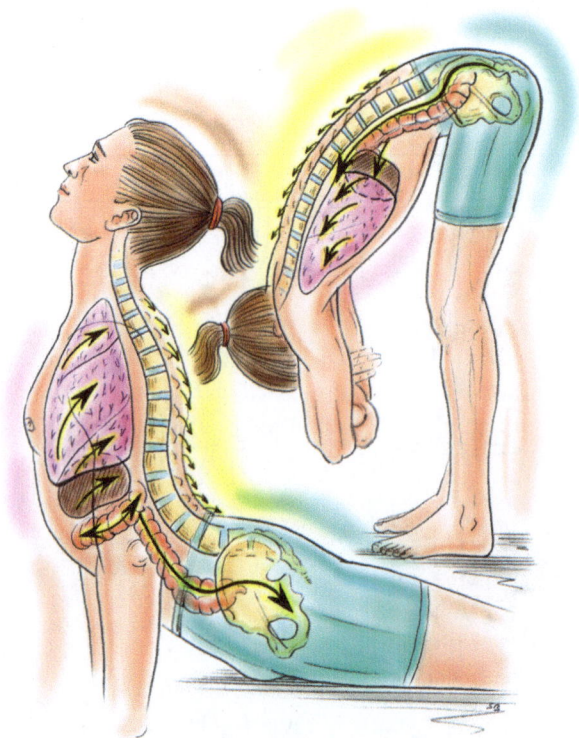

图 3.4　瑜伽体式中的肺部移动

肺泡上覆盖有表面活性物质，能够降低内部薄膜所产生的表面张力。在吸气时，肺部扩张受到的大部分阻力就源自这种表面张力。肺部的弹性组织以及所有缺乏应变性的肋骨、横膈膜、关节、筋膜和肌肉，都会进一步阻碍身体吸入更多的空气。

因此，端正的身体姿势对良好的肺功能至关重要。因为不良的身体姿势，会导致肺部无法充分扩张（见图 3.5），还会降低肺部的柔韧性和弹性。位于横膈膜和肺部之间的心脏，也会受到不良身体姿势带来的负面影响。

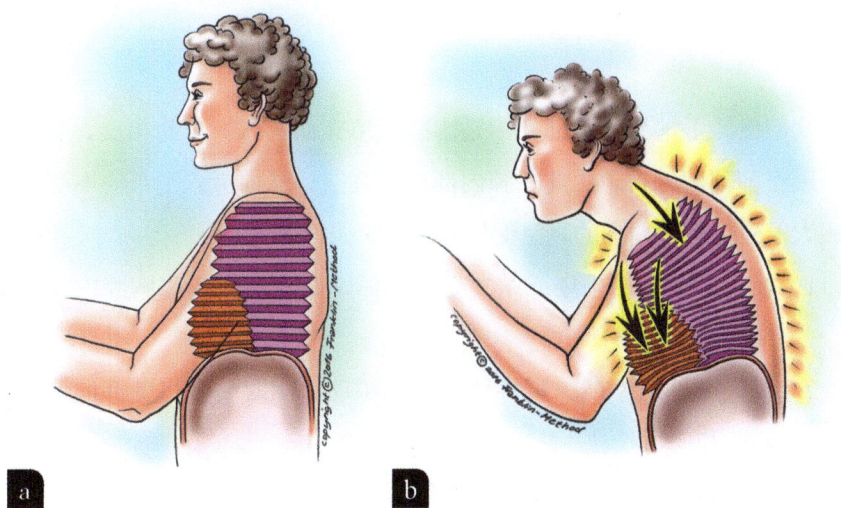

图 3.5　身体姿势与心肺：（a）良好的身体姿势；（b）不良的身体姿势

以下为肺部的 6 项动作练习以及冥想练习。

⚙ 肺、胸膜和肋骨

我们已经了解到，肺部并不是因空气填充而扩张。与此相反，肋骨和横膈膜将肺部向外拉，由此在肺内部产生真空，从而吸入空气。本练习将带领大家模拟肺部周围的真空促使其进行扩张的方式。

1. 在舒适端正的坐姿或站立姿势开始，在脑海中想象胸腔内肺位于横膈膜上的场景。

2. 吸气时，想象横膈膜将肺部向下拉动，同时肋骨将肺部向前、向两侧和向后拉动。

3. 为模拟这一原理，请思考注射器或手风箱的原理。手风箱是通过在其内部生成轻微的真空，推拉时吸入空气；而注射器的滑动活塞则相当于移动的横膈膜，向上拉动滑动活塞代表吸气动作，向下推下则代表了呼气动作。

4. 相对吸气而言，呼气属于被动动作，其动力由肺、肌肉和相关筋膜的反冲提供。除仰卧外，其他姿势下，腹壁将主动帮助呼气。

5. 再次吸气，并在脑海中勾绘出肺部扩张的一系列动作：肋骨向外移动拉动壁胸膜，壁胸膜牵拉脏胸膜，脏胸膜扩张肺部。

6. 呼气时，顺序相反：肺部收缩，拉动壁胸膜和肋骨向内。

肋膈隐窝

想象如何通过调整吸气时肺部移动的方式和位置来改善身体的呼吸。吸气时肺部向外扩张，但它们也滑入壁胸膜折叠层之间的可用空间。其中最大的胸膜隐窝位于肋胸膜和膈胸膜交界处最下方的肋骨和横膈膜背部之间，被称为肋膈隐窝。

1. 以舒适端正的坐立姿势或站立姿势开始，双手置于胸腔背部和底部之上，并想象肋骨和横膈膜之间的区域。

2. 吸气时，想象肺部滑入了这部分区域，进入两层壁胸膜之间，一层覆盖于横膈膜上，另一层覆盖于肋骨内侧。

3. 我们可以将此动作想象为戴手套的过程。呼气时，肺部滑出这部分区域，肋胸膜和膈胸膜随之闭合。

4. 进行多次吸气和呼气，并想象肺部滑入肋膈隐窝的场景（见图3.6）。模拟戴手套来理解这个过程的解剖学功能。

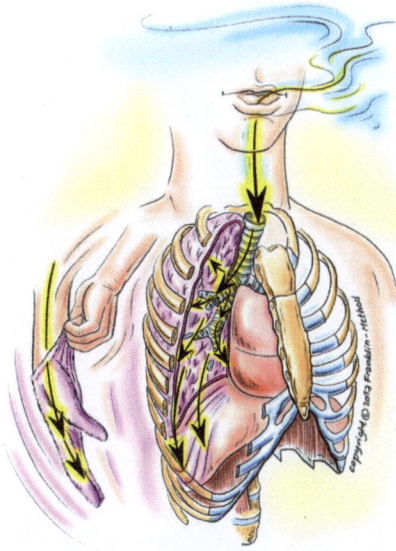

图 3.6　肺部滑入肋膈隐窝，如同戴手套的过程

🔗 结构犹如海绵的肺脏

我们可以将肺比作一块大海绵，可以通过扩张来填充空气，通过压缩来排空空气。为增强肺部弹性，多多练习深呼吸非常有必要。

1. 以舒适端正的坐立姿势或站立姿势开始，左右手手指分别搭在左右肩膀之上，手肘朝向身体两侧。

2. 将手肘和手臂向前移动并弯曲脊柱时，迅速呼气。将肺部想象成一块受挤压的海绵，挤出里面的空气。

3. 吸气时，慢慢伸展脊柱，再次将手臂和手肘移向身体两侧。将肺部想象成一块吸满了新鲜空气的海绵。

4. 动作节奏应与自然的呼吸节奏相协调，切勿过度呼气或吸气。

5. 重复以上练习步骤 4～5 次。重复 2 次或 3 次后，再次吸气时，请注意感受胸部和横膈膜的扩张力；同时，在呼气时，请注意感受肺部的弹性反冲压力。

◎◎ 旋转的肺部

　　吸气时，肺部不仅会扩张，还会随肋骨和横膈膜的移动略微向外转动。在脑海中想象肺部压力的释放过程，使呼吸更加充分。

1. 以舒适端正的坐立姿势或站立姿势开始，右手在上、左手在下，双手置于右肺之上（见图3.7）。吸气时，想象肺部向外转动。双手在胸腔上向两侧缓慢移动，来模拟肺部的动作。

2. 呼气时，想象肺部向内旋转。双手在胸腔上向内缓慢移动，来模拟肺部的动作。

3. 重复3次后，移开双手，比较左右肺呼吸时的不同感受。以你练习的一侧的肺部进行吸气，随后再以另一侧肺部进行吸气。大家会感受到，进行练

图 3.7　用双手模拟肺部的旋转动作

习后的肺部更为灵活，相较于另一侧，能够更加充分地呼吸。

4. 再从另一侧开始重复以上练习。

5. 最后，同时想象左右两肺的吸气动作。吸气时，两肺向四周进行扩张，尤其是会向两侧移动——右肺向右移动，左肺向左移动。将左右两肺想象成以相反方向移动的两个齿轮。

✎✎ 肺部顶端的扩张

　　肺的顶端位于锁骨之后、第 1 肋骨上方，位置比人们想象的更高，其上覆有胸膜。

　　胸膜与第 1 肋骨和脊柱颈段之间由韧带连接（见图 3.8）。这一连接起到固定肺的作用，防止其在吸气过程中被拉到下方。此次，我们将通过模拟这个区域来进行呼吸练习。

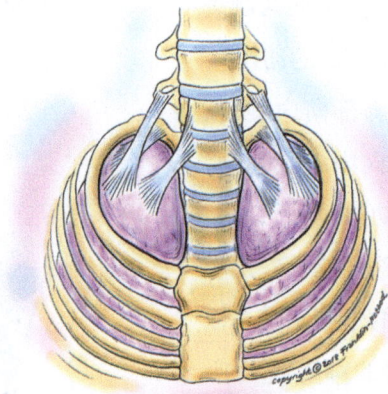

图 3.8　连接胸膜与第 1 肋骨和脊柱颈段的韧带

1. 以舒适端正的坐立姿势或站立姿势开始，右手搭在左肩上，拇指应能够触及颈部（见图 3.9）。

2. 想象用手掌触摸之下的胸膜。深吸气时，想象肺部扩张进入了这部分区域。双肺向上移动，并高于最上方的肋骨。

3. 呼气时，想象肺部向下移动。

4. 进行多次完整的呼吸周期，想象肺部扩张至颈部附近区域的过程。

5. 移开双手，双臂自然垂放于身体两侧。以双肺呼吸，感受左右肺呼吸能力之间的差异。此时，你会发现左肩也变得放松了。

6. 另一侧重复练习。

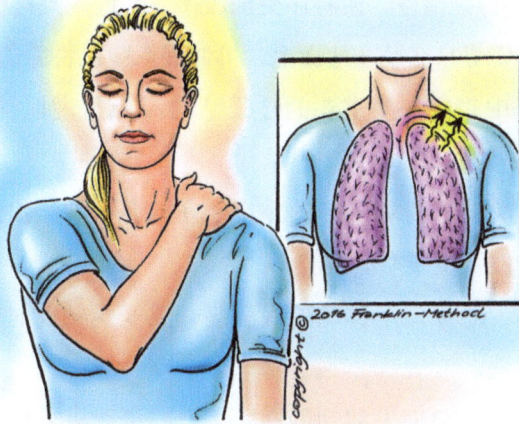

图 3.9 肺顶呼吸

⚙️ 以仰卧姿势进行呼吸练习

与站立姿势不同，仰卧姿势更有利于呼吸。因为仰卧时，因重力而造成的器官下沉减少，从而便于呼气。在本练习中，大家可以利用这一点来延长呼气时间，使呼吸更加充分且平缓。呼气时间的延长能够增强自主神经系统的副交感神经活性，使身体更加放松，并进入到再生状态。

1. 以仰卧姿势自然躺在地面上，可伸展双腿或将膝盖弯曲为 90 度。

2. 在脑海中想象一些重要的呼吸结构：肋骨、肺、横膈膜以及腹部肌肉。

3. 感受重力对肋骨和肺部的作用。在脑海中勾绘出位于右侧胸腔内的右肺以及位于左侧胸腔内的左肺。

4. 吸气时，想象向下移动的横膈膜，感受腹壁此时向外（向上）移动的过程。

5. 呼气时，想象向上移动的横膈膜，感受腹壁此时向内（向下）朝脊柱移动的过程。

6. 在这个过程中，请注意体内参与呼吸的其他部位的运动，例如盆底肌以及肋骨。

7. 想象正在进行呼吸运动的有弹性的肋骨。

8. 呼气时，将肋骨想象成一块柔软的布料向下飘落，并想象横膈膜肌肉纤维正在拉长。

9. 呼气时发出"唑"声，以延长呼气时间。

10. 放松并进行多次呼吸，重复发出"唑"声。

11. 请注意此时呼吸是否变慢或更为平缓轻快。

12. 最后慢慢起身，回到站立姿势，请在日常活动和锻炼中保持充分和自由的呼吸练习。

第 4 章

呼吸肌群

附着于胸腔的肌肉群为人体的呼吸系统提供辅助作用，其中大部分肌肉可参与四肢的运动，起到稳定脊柱和胸腔的作用。但这些肌肉仅在用力加深或强迫呼吸时起作用。如果你在阅读这段文字时进行一次深呼吸，那么部分辅助肌肉群就会派上用场。

主要呼吸肌和辅助呼吸肌

参与静态呼吸的肌肉群包括横膈膜、斜角肌和肋间肌，其中横膈膜是最重要的肌肉，能够从 3 个维度增加胸腔的体积，从而为呼吸运动提供 60% ~ 80% 的动力。

在吸气时，最先激活的肌肉便是横膈膜。最初，横膈膜收缩，腰方肌将下肋拉向骨盆，因此横膈膜穹顶向下移动并变平；如果腰方肌并未参与这一过程，横膈膜收缩将使下肋抬升，横膈膜的穹顶不会向下移动。

从某种程度而言，吸气时的腹内压、腹肌阻力以及胸腔的伸缩性都阻止了横膈膜向下移动。横膈膜持续收缩，提升了 6 根下肋。腹内压还将下肋和肋软骨推向外侧，促使胸廓的底部向周围扩张。

腹部肌肉群与呼吸

体壁从第 1 肋骨向下延伸至盆底。胸腔的存在使胸廓部分的结构更加稳固，骨盆则在脊柱下方为体壁提供了一个稳定的环状支撑。这两部分之间的体壁由腹肌及相关筋膜构成（见图 4.1）。

柔软的腹壁以及没有骨头约束的腰部，使人体能够利用横膈膜进行呼吸。在这样的结构中，骨盆可以自由摆动和旋转，双腿得以向前摆动和大步行走。这些机制将呼吸与步伐紧密联系在一起。

腹部有 4 个肌肉群：腹直肌、腹外斜肌、腹内斜肌和腹横肌。它们需要同步完成许多功能，例如呼吸、保持身体平衡、缓冲力量、转移重心和身体的运动。而所有类型的锻炼或训练都需要以平衡有效的方式来完成。

腹外斜肌和腹内斜肌能够在用力呼气时向下推动肋骨，在吸气时拉动脊椎左右旋转并进行离心收缩。腹横肌是身体中较大的肌肉，同时承担多种任务，其起点位于背部胸腰筋膜的后部和前部。

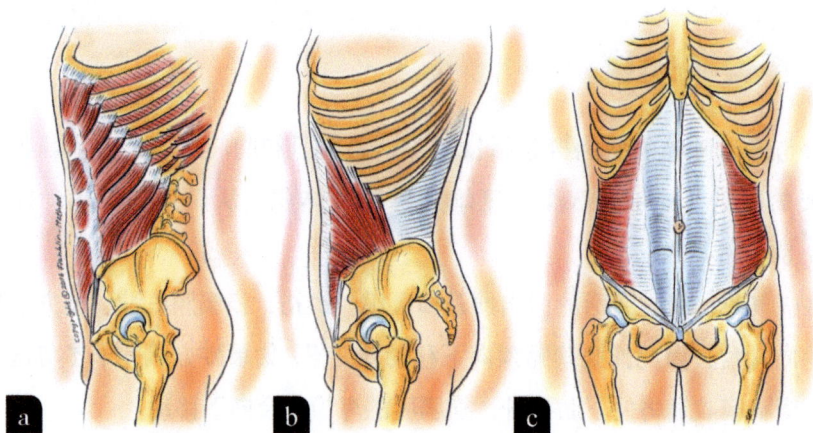

图 4.1　腹部肌肉群：（a）腹外斜肌；（b）腹内斜肌；（c）腹横肌

腹横肌上部分与横膈膜相互交叉，表明其在功能上与呼吸运动存在着密切联系。腹横肌如同一个围绕着腹部内脏的收缩管，功能与横膈膜相反。在以非仰卧姿势呼气时，它帮助器官向内和向上移动。腹横肌与胸腰筋膜相连，为腰椎提供了稳定支撑。它的筋膜分裂为多个鞘，围绕着竖脊肌，并向前延伸形成了腹直肌鞘的后壁。此外，在呼吸时腹横肌还能有效强化前后体壁（见图 4.2）。

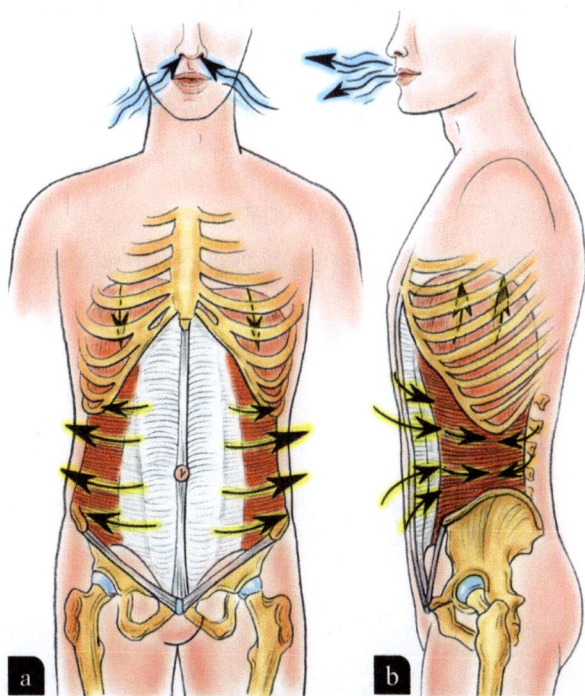

图 4.2　（a）吸气时的腹横肌；（b）呼气时的腹横肌

核心肌肉群与呼吸

众所周知，人体核心肌肉群中有四大重要肌肉群，即腹横肌、横膈膜、盆底肌和多裂肌。它们对保持人体核心稳定性有着巨大作用。当然，其他许多肌肉都有助于保持人体核心稳定性。这确切表明，参与呼吸运动的主要肌肉群，即促使吸气的横膈膜以及辅助呼气的腹横肌，也是维持和增强人体核心稳定性的关键。除了参与呼吸运动之外，当我们抬起手臂时，横膈膜还能帮助身体稳定胸腔，并调节腹内压力。

设法控制腹肌来稳定脊柱，会激活许多与核心稳定性以及呼吸过程无关的肌肉。而且事实上，这些肌肉可能还会妨碍核心肌肉群对身体进行合理调控。例如"向脊柱方向内收肚脐"的做法会阻碍横膈膜的充分移动，长此以往，很可能会因纤维不断缩短而导致横膈膜增厚。想让腰围变得纤细，呼吸时充分伸展横膈膜、收紧腹部才是有效的方法。对于瑜伽、舞蹈、普拉提或任何其他运动都需要将呼吸、稳定性与运动融合在一起进行练习（见图 4.3）。稳定的功能不应建立在损害有效呼吸的基础之上。事实上，从生物力学角度来讲，有效的呼吸代表核心肌群良好的控制能力。

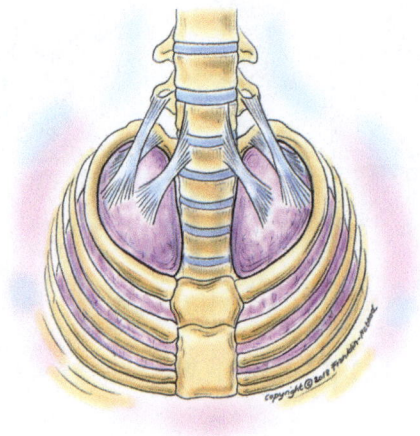

图 4.3　即使核心肌肉群受到束缚，横膈膜也必须能够自由移动。例如普拉提运动中的直膝抱腿动作

以下为呼吸肌肉群的 11 项动作练习以及冥想练习。

感受腹部肌群和呼吸

本练习将同步训练呼吸、身体稳定性以及腹部肌肉的运动功能。

1. 以站立姿势开始，双手指尖置于身体两侧肋骨下方与骨盆髂嵴上方之间，轻轻向内推。咳嗽、大笑或大声喊出"哈哈哈"声，感受腹部肌肉的强烈收缩。腹部肌肉能够使肋骨下拉，使腰围缩小，从而托起腹部器官。

2. 手指位置不变，深吸一口气，感受手指在随之向外移动。慢慢呼气时，手指随腹部向内移动。这就是腹壁肌肉的扩张和收缩过程（见图 4.4）。呼吸运动时刻在对这些肌肉进行调节。

3. 练习收腹。通过手指，我们可以感受到，与充分呼气时向内移动相比，腹壁充分吸气向外移动的程度更大一些。过度的腹部肌肉张力使腰围加大，而呼气却能使腰围减小。

4. 手指位置不变，先向右、再向左旋转脊柱，然后再以相反的顺序重新旋转。在整个过程中，我们同样会感受到肌肉在收缩。

5. 现在，让我们将运动和呼吸功能结合在一起！呼吸使腹壁内外移动，同时使脊柱旋转并侧向屈曲。用手指感受腹部的移动，感受自身的呼吸节奏，这时腹部肌肉也在随呼吸节奏和身体的运动内外移动。

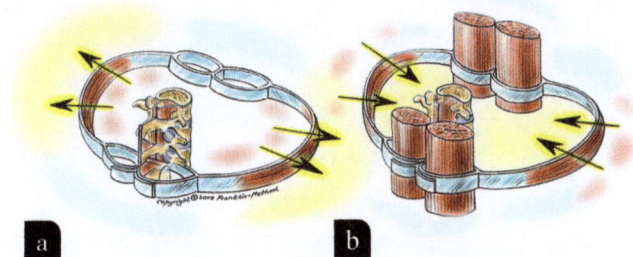

图 4.4　呼吸时，腹横肌同时稳定腰椎并调节腹内压：（a）吸气；（b）呼气

稳定性、运动与呼吸

以下练习极具挑战性，特别是对于那些在平衡或协调功能受到挑战时习惯屏住呼吸的人群。通过以下练习，你将学会在平衡性运动中使用更有效的呼吸方法。

1. 以站立姿势开始，双手指尖置于身体两侧肋骨下方与骨盆髂嵴上方之间，感受吸气时手指随腹部的向外移动，以及呼气时手指随腹部的向内移动。

2. 右脚抬离地面，单腿保持平衡。单腿站立是否会导致你无法正常呼吸？腹部肌肉是否仍会随着呼吸节奏紊乱而无序运动？请记住，腹横肌不但能促进呼吸，还有助于保持身体平衡。

3. 现在，我们来增加一些难度，摆动那只离开地面的腿。这对肌肉平衡能力提出了挑战。此时，因为要稳定腰椎和骨盆，腹横肌需要变得更具张力。但与此同时，它会随着呼吸节奏的变化而移动。

4. 用另一条腿重复此练习。

5. 请在练习普拉提、瑜伽、舞蹈运动或做个人喜爱的运动时，尽力保持畅通无阻的呼吸。

✿ 呼吸和运动系统中的肋间肌

　　肋间肌系横跨两个肋骨间隙的 3 层肌肉。尽管目前它的功能尚待进一步研究，但肋间外肌和肋间内肌前部（胸骨）纤维很有可能属于吸气肌肉，而肋间内肌其他部分则很有可能属于呼气肌肉。

1. 以端正的站立姿势或坐立姿势开始，双手指尖分别置于胸腔左右两侧的两根肋骨之间。呼吸时，感受拇指触及的上下肋骨的向上抬升和横向移动。

2. 用力呼气，感受上下肋骨间肋间内肌的收缩。

3. 拇指指尖置于右侧两根肋骨之间，脊柱向左侧弯曲。注意右侧肋骨是如何分开的（见图 4.5）。右侧肋间伸展的同时，左侧的肋骨收缩在一起。脊柱侧向屈曲导致两侧肋骨移动，屈曲侧肋骨间隙收缩，对侧肋骨间隙伸展。

4. 脊柱向右侧弯曲，并感受左侧肋骨是如何扩张，以及右侧肋骨是如何收缩的。此时，左侧肋间肌得以拉伸。

图 4.5　将手指置于两肋之间的空隙，向左侧弯曲脊柱

5. 现在，请将肋骨与呼吸过程相结合，同时进行练习。侧屈是为了感受肋骨对呼吸以及正在进行的运动所作出的反应。

6. 将手指置于另一处两肋之间的空隙，向左右两侧屈曲脊柱，感受肋骨的运动和呼吸过程，同时了解这两个功能。

7. 在旋转脊柱的同时，练习并感受肋骨的运动。尽管具有一定的难度，但这确实是一种很好的练习。

8. 移开手指，双臂自然垂放于身体两侧，静立片刻以注意呼吸和身体姿势的变化。你会发现肋骨更具灵活性，脊柱也更直了。

✐✐ 斜角肌对呼吸的作用

斜角肌位于颈椎和上方的两根肋骨之间（见图 4.6），能托起位于上部的两根肋骨，从而增加胸腔内部体积。由于斜角肌向上拉动了肋骨，横膈膜在吸气时才能向下移动，肺部的换气空间才不会缩减。因此，在横膈膜收缩时，斜角肌一直处于活跃状态。同时，斜角肌还可以调节颈部的侧屈。

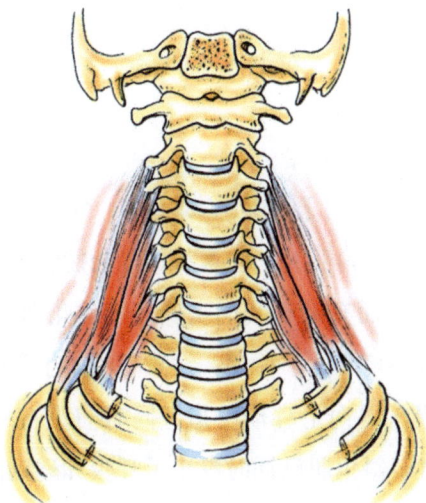

图 4.6　斜角肌

1. 双手指尖轻触脖颈两侧，弯曲并伸展头部和颈椎，此时将激活胸锁乳突肌。这块肌肉可在颈侧轻松触及。如果胸锁乳突肌正位于指尖前方，则手指所在位置便是斜角肌的大致位置。

2. 吸气时，将手指沿颈部轻轻向上移动，以帮助这部分肌肉拉升顶部肋骨（见图 4.7）。

图 4.7　吸气时手指向上移动

3. 呼气时，手指向下移动。

4. 在吸气时，手指向上重复移动 3 次，呼气时重复向下移动 3 次。在想象并触摸斜角肌时，注意身体是否能够更充分地呼吸。

5. 错误的动作反而有助于我们正确理解斜角肌的解剖学功能。吸气时，手指沿斜角肌向下移动，注意呼吸发生了哪些变化。

6. 随后再次吸气并向上移动手指，同时向左右两侧侧屈颈部，完成练习。此时，斜角肌已同时参与了呼吸和运动两个过程。

7. 移开双手，注意身体发生的变化。你会发现身体姿势更为端正，同时呼吸也加深了。

✎ 腰方肌肌肉群与呼吸

腰方肌肌肉群附着于髂嵴、第 1 至第 4 腰椎横突以及最下方的肋骨上，能够提拉骨盆，使脊柱侧屈。呼吸时，腰方肌充当最下方的肋骨与骨盆之间的锚钩，将两者固定，从而帮助横膈膜向下移动。

1. 双手置于胸腔下部肋骨之上。在脑海中勾勒出位于手掌之下的第 12 肋骨（见图 4.8）。
2. 吸气时，双手朝骨盆位置向后移动，以便模拟呼吸时腰方肌的动作，并在脑海中想象第 12 肋骨被拉向骨盆的场景。
3. 呼气时，双手再次向上移动。
4. 重复 3 次以上动作。注意这个过程中吸气量是否加大了，呼气时间是否延长了。

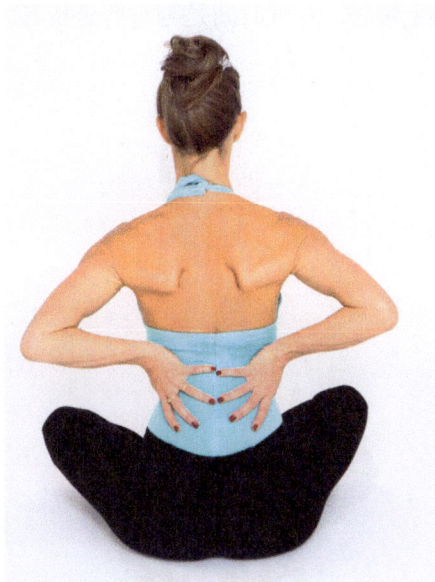

图 4.8　想象固定第 12 肋骨的腰方肌

第 1 和第 12 肋骨的动作

了解第 1 肋骨和第 12 肋骨如何运动，有助于扩展胸腔的呼吸空间。吸气时，斜角肌提拉第 1 肋骨，腰方肌以相反的方向固定第 12 肋骨。这种反向拉动最大限度地增加了胸腔空间。

1. 单手置于靠近第 1 肋骨环的位置。手指置于附着在胸骨之上的锁骨正下方。

2. 另一只手置于下背部第 12 肋骨处（见图 4.9）。

3. 吸气时，想象第 1 肋骨在向上浮动，而第 12 肋骨则向骨盆方向下移。

4. 呼气时，放空思绪，用双手触摸并感受。

5. 重复以上步骤 3 ~ 4 次。休息片刻，注意呼吸的变化，如呼气过程是否变得更轻松，呼气时间是否有所延长等。

图 4.9 触摸第 1 肋骨环和第 12 肋骨

肋骨与横膈膜之间的协调性

　　向下移动的横膈膜如同一个围绕着轴承向下移动的活塞。在遇到腹肌和器官的阻力时，"活塞"便无法向下移动。此时，横膈膜的肌肉向心（收缩）运动促使其向下移动并提升肋骨（见图4.10），而其离心（延长）运动则促使呼气时带动肋骨一同向下移动。

1. 以手臂和双手模拟横膈膜和肋骨的移动。双手和前臂模拟横膈膜的穹顶，上臂则模拟肋骨。

2. 将双手置于胸骨下部的前方，手指上下叠放。双肘位于身体两侧。

3. 吸气时，将手向下移动，模拟横膈膜的下降动作；呼吸时，抬起双肘和上臂，模拟肋骨的运动。

4. 呼气时，以相反动作进行模拟。首先将双肘和上臂向下移动（模拟肋骨），随后双手向上移动（模拟横膈膜）。

5. 在练习吸气和呼气时，以双手模拟作为辅助手段，来了解横膈膜和肋骨的协调性。

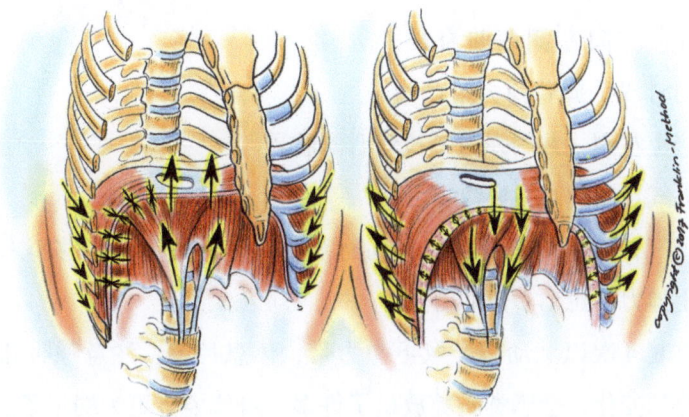

图 4.10　横膈膜和肋骨的动作

✷ 使用弹力带训练呼吸肌肉群

富兰克林法中等强度弹力带等是拉伸和加强呼吸肌肉的有效工具。

1. 以站立姿势开始，双脚保持一定的宽度，将弹力带从后背中间部位（接近胸腰部连接处）绕过。呼气，弯曲脊柱，同时拉伸弹力带，想象它如同一个吊床，支撑着你的腰部（见图 4.11）。

2. 吸气，回到伸展姿势，向前拉动弹力带，帮助身体伸展。

3. 重复 4 次以上动作，随后回到站立姿势。

4. 呼气，向左侧弯曲脊柱，同时双手握着弹力带两端移至左侧，并用弹力带拉动右侧肋骨。

图 4.11 使用弹力带训练呼吸肌肉群

5. 吸气，回到站立姿势。

6. 呼气，向右侧弯曲脊柱，同时双手握着弹力带两端移至右侧，并用弹力带拉动右侧肋骨。

7. 重复 4 次以上动作，取下弹力带，休息片刻，注意呼吸和身体姿势的变化，会感觉胸腔放松了许多，身体姿势更为端正了。

8. 双脚可站在球上进行此练习，以增加身体维持稳定性的难度，同时加强核心肌肉群的张力。在这一过程中，始终保持你的呼吸节奏。

使用训练球拉伸横膈膜和肋间肌

1. 训练球有助于拉伸呼吸肌肉群。为取得良好的练习效果，以仰卧位使用充水迷你滚筒进行富兰克林法练习。大家还可以用卷起的毛巾或两个柔软的训练球代替迷你滚筒，放于背后。

2. 以仰卧姿势开始，将迷你滚筒放在胸椎段中部的下方（见图 4.12）。

3. 双手置于后脑勺，支撑头部。

4. 伸展脊柱，头部贴在地面。

5. 想象并感受横膈膜的拉伸。胸骨部位的横膈膜及横膈脚部位将得到充分的伸展，前方的肋间肌也将得到伸展。

6. 深呼吸，以加大横膈膜的拉伸力度和张力。

7. 深呼吸的同时，扭动脊柱，全方位地拉伸横膈膜纤维。

8. 拿掉训练球，休息片刻，注意呼吸发生的变化。你会发现，脊柱有所延长，肩膀也更为放松。

图 4.12　采用迷你滚筒拉伸横膈膜和肋间肌

∞∞ 用跳跃法锻炼呼吸肌肉群

并非所有呼吸练习都适合用安静的方式进行。本练习将在跳跃的过程中锻炼横膈膜和盆底肌。本练习给出的示例结合了大家所学的呼吸知识并进行了更具挑战性的练习。

1. 集中注意力，感受呼吸时横膈膜的上下移动。
2. 上下跳跃，双脚落地时呼气，在脑海中想象横膈膜在迅速向上移动（见图 4.13）。

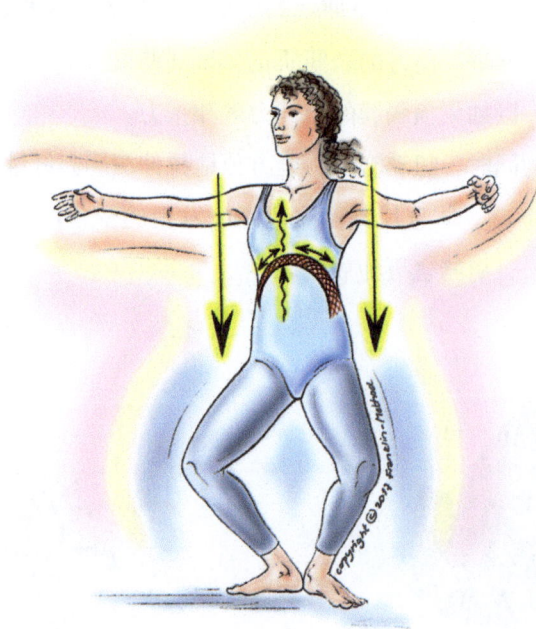

图 4.13 呼气时，双脚落地，横膈膜向上移动

3. 双脚起跳时吸气。

4. 再以相反的模式进行练习：落地时吸气，跳起时呼气。此时，多数人会感觉不太舒服，认为难度加大。双脚落地时，向上移动的横膈膜会减缓身体下落时受到的冲击力，从而使身体更加平稳。

5. 感受盆底肌的变化。双脚落地时，横膈膜向上移动，盆底肌得以伸展。

6. 最后感受腹壁的变化。双脚落地时，腹壁会迅速向内移动，腰部收紧。

∂∂ 日常练习

我们可以通过练习来找到日常生活中最佳的呼吸方法，从而提高运动技能并改善身体健康。以下是本书推荐的一系列日常练习，你认为有益于运动的所有练习都可以加入其中。此外，你还可以在日常生活、锻炼和运动中增强自己的呼吸意识。

1. 想象横膈膜：想象身体内的横膈膜移动。吸气时，横膈膜向下移动；呼气时，则向上移动。用双手进行模拟，使膈膜的移动可视化。此练习能够帮助你集中注意力、保持冷静并进行有效的呼吸。你还可以同时结合腹壁的移动。

2. 摆动横膈膜以改善循环和本体感受：这是释放横膈膜和全身张力的绝妙方法，请大家坚持每天练习。体育队、体操运动员和游泳运动员，都已将这项练习作为他们日常练习和比赛前热身运动的一部分。

3. 拉伸横膈膜：这是对呼吸肌肉群最好的伸展，长期练习可提高呼吸能力。

4. 轻拍肋骨：对横膈膜起点以及肋骨和背部予以轻拍，能够释放身体的张力，使呼吸更为顺畅。可使用空心拳或富兰克林法球或其他训练软球进行练习。

关于作者

埃里克·富兰克林（Eric Franklin），瑞士维茨康市富兰克林法（Franklin Method）研究所的所长和创始人，拥有超过 35 年的舞蹈和编舞经验。自 1986 年起，他便开始在他的教学工作中传授冥想技巧。

富兰克林曾在美国和欧洲的多所学校进行教学工作，包括纽约茱莉亚音乐学院、伦敦皇家芭蕾舞学校、哥本哈根丹麦芭蕾舞团、罗马舞蹈学院和苏黎世心理动力治疗研究所，曾在维也纳大学做客座讲师，从 1991 年开始担任美国舞蹈节的教职员。富兰克林一直为奥运会和世界冠军级的运动员以及太阳马戏团和蒙特卡洛的舞蹈团等专业舞蹈团提供培训教学。他还拥有纽约大学帝势艺术学院的美术学士学位以及苏黎世大学的外科学士学位。

作者照片由詹尼·费利乔尼
（Gianni Felicioni）提供

富兰克林是畅销书《街舞》的合著者，该书于 1984 年荣获纽约市公共图书馆奖。此外，他还独自撰写了《100 个运动创意》和《舞蹈的技巧和表演意象》。这两本书都与舞蹈和运动冥想有关。他还是国际舞蹈医学和科学协会的成员。

埃里克·富兰克林现居住于瑞士苏黎世。

关于译者

汪敏加，北京体育大学运动康复博士、临床博士后，成都体育学院运动康复系副教授、硕士生导师，美国运动医学会认证生理学家（ACSM-EPC）、国家康复治疗师。参与国家击剑队、射击射箭队多个科技服务项目。参编、参译专业书籍十本，主持、参与科研课题十二项，发表国际、国内学术论文十余篇。研究方向：运动损伤的预防与康复、骨与关节退行性疾病的运动康复、女性康复。

图书在版编目（CIP）数据

高效呼吸训练：舞蹈、瑜伽、普拉提的功能性练习 /（瑞典）埃里克·富兰克林（Eric Franklin）著；汪敏加译. — 北京：人民邮电出版社，2020.4
ISBN 978-7-115-52547-5

Ⅰ. ①高… Ⅱ. ①埃… ②汪… Ⅲ. ①健身运动—呼吸方法 Ⅳ. ①G883②G819

中国版本图书馆CIP数据核字(2019)第251061号

版权声明

免责声明

本书内容旨在为大众提供有用的信息。所有材料（包括文本、图形和图像）仅供参考，不能用于对特定疾病或症状的医疗诊断、建议或治疗，且不能保证每一位读者都能通过使用本书运动方法取得成功。所有读者在针对任何一般性或特定的健康问题开始某项锻炼之前，均应向专业的医疗保健机构或医生进行咨询。作者和出版商都已尽可能确保本书技术上的准确性以及合理性，且并不特别推崇任何治疗方法、方案、建议或本书中的其他信息，并特别声明，对读者的运动效果不负任何责任，不会承担由于使用本出版物中的材料而遭受的任何损伤所直接或间接产生的与个人或团体相关的一切责任、损失或风险。

内 容 提 要

当谈到身体健康时，大家往往更加注重营养和锻炼，却很少学习如何更有效地呼吸，殊不知健康的呼吸方式的重要性。

本书由瑞士富兰克林法（Franklin Method）研究所创始人埃里克·富兰克林倾心写就，是作者在近40年舞蹈教学生涯中总结出的呼吸方法精华。书中通过人体解剖彩图辅以运动呼吸的基本原理，结合舞蹈、瑜伽和普拉提详细讲解了30余种有助于提高日常活动和运动表现的呼吸练习方法，旨在改善人体的呼吸功能，从而促进健康，提高人们的生活质量和运动表现水平。阅读本书，读者将深入了解参与呼吸运动的重要元素，如横膈膜、肋骨、肺、呼吸肌群等身体部位的运动原理以及针对各部位的动作练习和冥想练习。

无论你是一名舞者、瑜伽练习者、普拉提教练，还是演员、运动员、理疗师，这本书都能够帮助你识别和纠正错误的呼吸习惯，优化呼吸方式，学会进行正确呼吸。打开本书，让我们一起跟随自然的呼吸节奏，感受一呼一吸的过程，专注当下，放松身心，感受运动所带来的轻松和美好吧。

- ◆ 著　　　　[瑞]埃里克·富兰克林（Eric Franklin）
　　译　　　　汪敏加
　　责任编辑　李　璇
　　责任印制　周昇亮
- ◆ 人民邮电出版社出版发行　　北京市丰台区成寿寺路11号
　　邮编　100164　　电子邮件　315@ptpress.com.cn
　　网址　http://www.ptpress.com.cn
　　固安县铭成印刷有限公司印刷
- ◆ 开本：700×1000　1/16
　　印张：4.5　　　　　　　　2020年4月第1版
　　字数：62千字　　　　　　2025年11月河北第33次印刷
　　著作权合同登记号　图字：01-2018-7988号

定价：49.80元
读者服务热线：(010)81055296　印装质量热线：(010)81055316
反盗版热线：(010)81055315